Conception et réalisation :
Françoise Detay-Lanzmann / Nicole Hibert
Direction artistique : Jean Retailleau
Couverture : Agence Média

Dépôt légal : Octobre 1992
Loi n° 49-956 du 16 juillet 1949
sur les publications destinées à la jeunesse

ISBN : 2-7404-0195-7

Françoise Detay-Lanzmann / Nicole Hibert

LES ANIMAUX SAUVAGES

Illustrations de Bénédicte Carraz
et de Thierry Desailly

MANGO

ILS MARCHENT

1• Antilope - 2• Tigre - 3• Zèbre - 4• Hippopotame - 5• Cerf - 6• Lièvre - 7• Sanglier - 8• Loup - 9• Écureuil - 10• Éléphant
19• Rhinocéros - 20• Paresseux - 21• Panthère des neiges - 22• Biche - 23• Cheval - 24• Ours - 25• Mouflon - 26• Buffle

11• Guépard - 12• Hyène - 13• Koala - 14• Kangourou - 15• Hérisson - 16• Renard - 17• Chevreuil - 18• Petit Panda
27• Dromadaire - 28• Rat - 29• Girafe - 30• Bison - 31• Lama - 32• Élan - 33• Chamois - 34• Léopard - 35• Puma - 36• Tortue

L'ÉLÉPHANT D'AFRIQUE

L'éléphant est le plus grand *mammifère* terrestre.

Ce géant vit dans les savanes africaines,

de grandes prairies où les arbres sont rares.

L'éléphant est gourmand d'herbes, de feuilles et des branches d'*acacia* les plus hautes et les plus tendres.

L'éléphant peut tout faire avec sa trompe : déraciner un arbre, assommer un adversaire, ou tout simplement boire et se doucher.

Dans la famille éléphant,
la grand-mère dirige les jeunes
et leur transmet son savoir.

L'éléphanteau, à sa naissance,
pèse déjà 100 kilos, le poids
de 30 bébés humains !

LE LION

Le lion doit son titre de " Roi des animaux "
à sa superbe crinière,
son allure majestueuse
et ses rugissements terrifiants.

Le lion est le seul félin qui vit en groupe.

Ce sont les lionnes qui chassent pour nourrir la famille.

LE TIGRE

Le tigre, qui vit dans la *jungle* d'Asie, est le plus gros *félin* du monde.

Il y a toujours un ruisseau sur son territoire,

car il aime la fraîcheur de l'eau.

Le tigre chasse des animaux de grande taille, des tortues, des oiseaux, et même des *criquets* !

Les rayures sombres de sa robe sont un camouflage parfait dans les hautes herbes et dans la forêt.

L'OURS BLANC

L'ours blanc est le plus gros *carnivore* terrestre.

L'ours blanc peut parcourir
100 kilomètres à la nage sans s'arrêter.

Grâce à son odorat très développé,
il repère les phoques de très loin,
jusqu'à 30 kilomètres de distance.

Il vit en solitaire sur la banquise,
un désert de glace au pôle Nord.

L'ourse creuse une grotte dans la glace
pour mettre ses petits au monde.

Leur fourrure blanche permet
aux oursons de se cacher sur la banquise.

LE KANGOUROU

Le kangourou et le koala habitent l'Australie.

Ce sont tous les deux des marsupiaux : ils portent une poche sur le ventre.

Dès leur naissance, les bébés s'y réfugient pour plusieurs mois,

le temps de grandir.

Le kangourou est un champion de saut : 3,30 mètres en hauteur, 9 mètres en longueur !

Lorsqu'il atteint la poche de sa mère, le bébé kangourou est tout nu. Il ne pèse que 1 gramme et mesure moins de 5 cm.

LE KOALA

Au sol le koala est très maladroit. Il ne se sent bien que dans les arbres. C'est un bon grimpeur.

Le koala mange uniquement des feuilles d'eucalyptus qui lui fournissent l'eau dont il a besoin.

LES ANIMAUX DU DÉSERT

Le dromadaire d'Afrique a une bosse,
le chameau d'Asie en a deux.

La bosse du dromadaire est
une sorte de réserve où l'animal
puise l'eau et la nourriture
dont il a besoin.

Dans le désert, les journées sont brûlantes, les nuits froides, l'eau rare. Pourtant beaucoup d'animaux ont réussi à s'habituer à ces conditions difficiles : ils ont appris à boire très peu, à se protéger du soleil et du vent.

Le fennec est un renard des sables. Des poils sous les pattes lui permettent de marcher sur les dunes sans s'enfoncer.

La gazelle court très vite : 70 kilomètres à l'heure.

LE CHIMPANZÉ

Le chimpanzé et le gorille d'Afrique sont les animaux qui ressemblent le plus à l'homme. Leur main a cinq doigts, comme la nôtre. Comme nous, ils savent utiliser des outils.

Quand il ne se régale pas de fruits, le chimpanzé se sert d'un brin d'herbe pour se procurer son plat favori : des fourmis.

Les chimpanzés sont toujours en groupe. La solitude les plonge dans le désespoir.

LE GORILLE

Comme nous, le gorille dort
10 heures par nuit,
et il fait la sieste l'après-midi.

Les bébés gorilles sont choyés
par toute la famille. On joue
avec eux, et on leur pardonne
leurs bêtises.

LE LOUP

Longtemps les hommes ont redouté le loup.
Pourtant c'est un animal timide et prudent,
qui vit en meute.

Le loup et la louve restent
mariés toute leur vie.

Les louveteaux adorent jouer
avec des cailloux et des feuilles.
A 2 mois, ils commencent
à apprendre à chasser.

LE RENARD

Le renard chasse surtout la nuit.

Son endurance et sa ruse légendaire lui ont permis de survivre dans les pires conditions.

Le lapin est le mets favori du renard.
Mais, à l'occasion, il mange aussi des œufs, des vers de terre, des fruits et des *céréales*.

Le renard élève ses petits dans un terrier qui lui sert aussi d'abri quand il pleut ou qu'un danger menace.

LE GUÉPARD

Le guépard est le plus rapide de tous les mammifères.
Quand il chasse les gazelles dans la savane africaine,
il semble voler au-dessus du sol.

Les petits tètent en ronronnant. Tant qu'ils ne peuvent pas la suivre, leur mère les transporte partout dans sa gueule.

Les larmiers sont les deux traits noirs qui descendent des yeux le long du museau et qui donnent au guépard un air triste.

LE JAGUAR

Le jaguar vit dans les forêts d'Amérique.

Il reste immobile pour guetter ses proies,

c'est la chasse à l'affût.

Il peut tuer des animaux deux ou trois fois plus lourds que lui.

Le jaguar est un excellent pêcheur.

Il apprécie particulièrement les tortues terrestres ou d'eau douce.

LE PANDA

Ce solitaire des montagnes chinoises est devenu l'emblème de la protection de la nature : en effet, il ne reste que 1000 pandas au monde.

Le panda passe 10 heures par jour à manger. Il se nourrit presque uniquement de bambous ; à l'occasion, il ne dédaigne pas des fleurs et des poissons.

Le panda grimpe aux arbres et en redescend à reculons.

Sa fourrure noire et blanche lui
permet de se cacher
dans les sous-bois de bambous.
Elle le protège aussi du froid
et de la pluie.

Le bébé panda ne marche pas
avant 3 ou 4 mois.
Sa mère doit le porter
quand elle quitte son abri.

LE CASTOR

Le castor est bûcheron, architecte et maçon.

C'est avant tout un animal aquatique,

qui construit des barrages sur les rivières et des huttes pour ses petits.

Le castor ronge les arbres avec ses dents, puis il découpe des bûches.

Le castor se déplace comme un bateau : ses pattes lui servent de rames et sa queue de *gouvernail.*

La famille castor est très unie. Les petits grandissent avec leurs sœurs et leurs frères aînés.

Le castor garde l'intérieur de sa hutte toujours propre et change souvent les copeaux de bois qui recouvrent le sol.

LE RHINOCÉROS

Le rhinocéros, reconnaissable à ses deux cornes redoutables,

vit à la lisière de la forêt et de la savane.

Comme il y voit très mal, il se dirige grâce à son odorat,

l'un des plus perfectionnés du règne animal.

Le rhinocéros est *végétarien*.
Il ne craint pas les épines, car
son cuir épais le protège.

Les pique-bœufs nettoient
la peau du rhinocéros et le
préviennent en cas de danger.

L'HIPPOPOTAME

L'hippopotame est un mammifère terrestre qui passe la moitié de sa vie à somnoler dans les eaux calmes et boueuses.

A terre comme sous l'eau, le bébé hippopotame sans respirer, en fermant ses narines et ses oreilles.

Au coucher du soleil, les hippopotames quittent l'eau pour aller brouter leurs *pâturages.*

LEXIQUE

Acacia

Arbre à fleurs jaunes ou blanches, très commun dans la savane africaine.

Carnivore

Animal qui se nourrit de la chair d'autres animaux.

Céréales

Plantes cultivées pour leurs grains, comme le blé, l'avoine, l'orge, le maïs ou le riz.

Criquet

Genre de sauterelle qui aime les endroits secs et ensoleillés.

Félin

Animal pourvu de dents très puissantes et de griffes retractiles, c'est-à-dire qui peuvent sortir ou rentrer à volonté.
Le lion, le tigre, le guépard, le jaguar par exemple sont des félins.

Gouvernail

Appareil servant à diriger un bateau.

Jungle

Forêt épaisse des régions tropicales, où il fait chaud et où il pleut beaucoup.

Mammifère

Animal qui nourrit ses petits avec le lait de ses mamelles.
L'éléphant, le chien, la baleine sont des mammifères.

Pâturage

Prairie où les animaux qui mangent de l'herbe se nourrissent.

Végétarien

Animal qui se nourrit d'herbe, de fruits et de plantes, mais pas de viande.